포인트
음악이론
학습장

KB188304

★   (이)책

나를 그려보세요

samhomusic

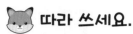

피아노

88개의 건반을 눌러 연주하는 건반 악기

피아노

피아노

피아노

피아노

피아노

피아노

★ 스스로 써보세요.

피	아	노	에		앉	을		때	에
는		어	깨	에		힘	을		빼
고		가	슴	을		펴	고	,	
팔	꿈	치	를		건	반	과		비
슷	한		높	이	에		오	도	록
합	니	다	.						

2

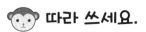 **따라 쓰세요.**

	왼손
	왼쪽에 있는 손

	오른손
	오른쪽에 있는 손

	왼손

	오른손

	왼손

	오른손

	왼손

	오른손

★ 스스로 써보세요.

피	아	노	에	는		3	6	개	의
	검	은	건	반	과		5	2	개
의		흰	건	반	,		모	두	합
쳐		8	8	개	의		건	반	이
있	습	니	다	.					

점선을 따라 손을 그리고 따라 쓰세요.

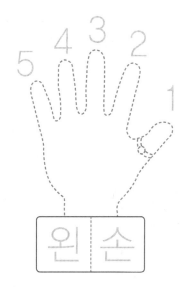

왼 손

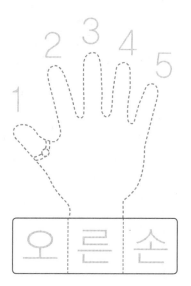

오 른 손

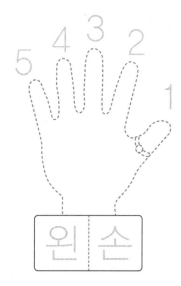

왼 손

오 른 손

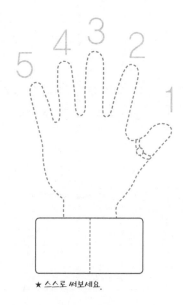

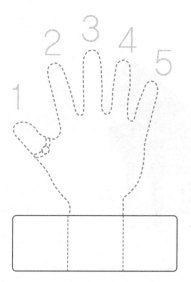

★ 스스로 써보세요

1번 손가락을 찾아 반지를 그리고 이름을 쓰세요.

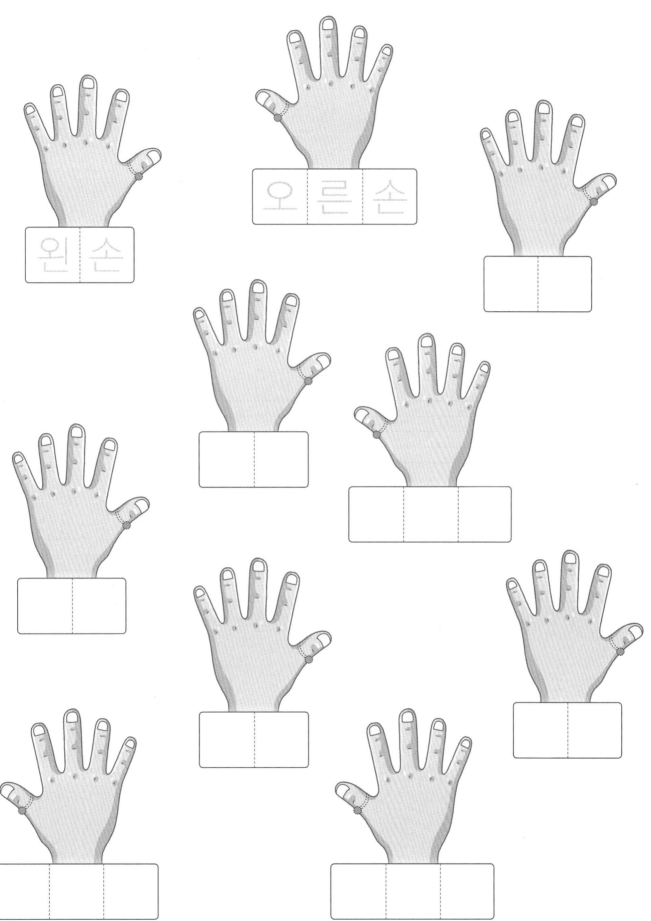

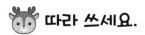 **따라 쓰세요.**

♩	4분음표	♩	4분음표
	1박 / ∨ / 딴 / ●		

♩	4분음표	♩	4분음표

★ 스스로 써보세요.	

피	아	노	는		8	8	개	의
건	반	을		눌	러		연	주	하
는		건	반		악	기	입	니	다

6

따라 쓰세요.

♩ | 2분음표
2박 / ∨∨ / 따안 / ●●

♩ | 2분음표

♩ | 2분음표

♩ | 2분음표

★ 스스로 써보세요.

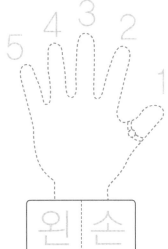

왼 손

오 른 손

7

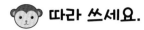 **따라 쓰세요.**

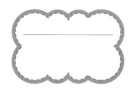

♩ **4분음표** 1박 / ∨ / 딴 / ●	♩ 4분음표
♩ 4분음표	♩ 4분음표
★ <u>스스로 써보세요.</u>	

 **예쁜 피아노를 만들어 보세요.**

피	아	노
피	아	노
피	아	노

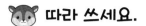 따라 쓰세요.

♩	2분음표
	2박 / \/\/ / 따안 / ●●

♩	2분음표

♩	2분음표

♩	2분음표

★ 스스로 써보세요.

예쁜 음표를 만들어 보세요.

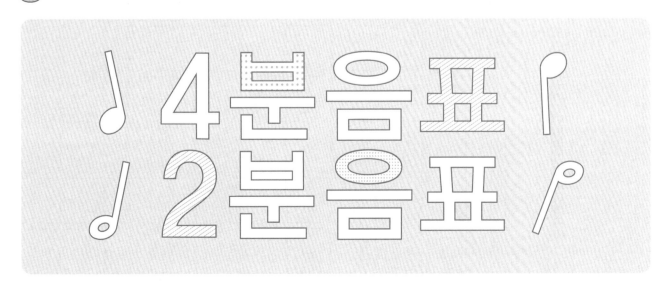

9

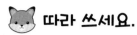 **따라 쓰세요.**

리코더 앞면에 7개, 뒷면에 1개의 구멍이 있는 관악기	리코더
리코더	리코더
리코더	리코더
리코더	리코더
★ 스스로 써보세요.	

리	코	더	는		세	로	로		부
는		목	관		악	기	로		구
멍	이		앞	쪽	에		7	개	,
뒤	쪽	에		1	개		있	습	니
다	.								

10

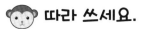 **따라 쓰세요.**

	오 선
	음을 나타내는 5개의 줄과 4개의 칸

	오 선

	오 선

	오 선

	오 선

	오 선

★ 스스로 써보세요.	

줄을 따라 그리고 각 줄과 칸의 이름을 따라 쓰세요.

다섯째줄

넷째줄

셋째줄

둘째줄

첫째줄

넷째칸

셋째칸

둘째칸

첫째칸

아래에서 위로 쓰세요.

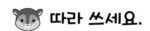 **따라 쓰세요.**

 # 높은음자리표
높은 음을 나타낼 때 사용하는 음자리표

 높은음자리표

 높은음자리표

 높은음자리표

★ 스스로 써보세요.

4	분	음	표	의		박	의		수
는		1	박	(●)	이	고	,	딴	으
로		읽	습	니	다	.			

12

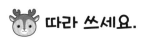 **따라 쓰세요.**

♩	4분음표
	1박 / ∨ / 딴 / ●

𝅗𝅥	2분음표
	2박 / ∨∨ / 따안 / ●●

♩	4분음표
♩	4분음표
♩	4분음표
♩	4분음표

𝅗𝅥	2분음표
𝅗𝅥	2분음표
𝅗𝅥	2분음표
𝅗𝅥	2분음표

★ 스스로 써보세요.

오	선	은		음	을		나	타	내
는		5	개	의		줄	과		4
개	의		칸	으	로		아	래	에
서		위	로		읽	습	니	다	.

13

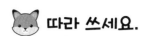 **따라 쓰세요.**

𝄢	# 낮은음자리표
	낮은 음을 나타낼 때 사용하는 음자리표

𝄢	낮은음자리표

𝄢	낮은음자리표

𝄢	낮은음자리표

	★ 스스로 써보세요.

𝄢 𝄢 𝄢 𝄢 𝄢 𝄢 𝄢 𝄢 𝄢 𝄢

𝄢 𝄢 𝄢 𝄢 𝄢 𝄢 𝄢 𝄢 𝄢 𝄢

2	분	음	표	의		박	의		수
는		2	박	(◉ ◉)	이	고	,		따
안	으	로		읽	습	니	다	.	

14

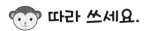 **따라 쓰세요.**

o	온음표	o	온음표
	4박 / \/\/\/ / 따아아안 / ●●●●		

o	온음표	o	온음표

	★ 스스로 써보세요.		

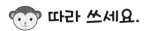 **숫자를 따라 쓰고 지시한 줄이나 칸을 찾아 색칠하세요.**

셋째줄

5
4
3
2
1

4
3
2
1

첫째칸

5
4
3
2
1

4
3
2
1

안녕. 나는 이탈리아의 **베네치아**에서 태어난 빨간 머리 작곡가 **비발디**야. 나는 성당의 신부님이 되고 싶었지만 어렸을 때부터 앓아온 천식이 심해져 오랫동안 배운 **바이올린** 선생님이 되었어. 난 고아원에서 바이올린을 가르치며 아이들을 위해 바이올린을 위한 다양한 곡들을 작곡했어.

 따라 쓰세요.

 비발디 Antonio Vivaldi, 이탈리아	 Vivaldi Antonio Vivaldi, 이탈리아
비발디	Vivaldi
비발디	Vivaldi
★ 스스로 써보세요.	

안녕! 작곡가

더 많은 내용은 안녕!을 참고
하세요. 교과서에 수록된 감상
곡과 작곡가와 인사 나눠요!

나는 바로크 음악 작곡가로 바로크 시대에는 장식
이 많은 화려한 곡이 많이 작곡되었지. 내 곡 중에
서 가장 유명한 건 봄, 여름, 가을, 겨울을 표현한
바이올린 협주곡 〈사계〉야.

※QR코드를 스캔해 음악을 감상하세요.

봄   여름   가을   겨울

 **따라 쓰세요.**

바로크 장식이 많은 16C 말 ~ 18C 중기의 음악	바로크
★ 스스로 써보세요.	
바이올린 협주곡 〈사계〉	

17

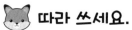 **따라 쓰세요.**

장구

모래시계 모양의 나무통 양면(채편, 북편)에
가죽을 대서 만든 국악타악기

장구

장구

장구

장구

장구

장구

장구

★ 스스로 써보세요.

장	구	의		북	편	은		쿵	(○)
	,	채	편	은		덕	(ㅣ)	,	채	편
과		북	편	을		함	께		치
면		덩	(⊕)		소	리	가		납
니	다	.							

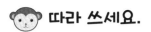 따라 쓰세요.

♩	2분음표
	2박 / \/\/ / 따안 / ●●

o	온음표
	4박 / \/\/\/\/ / 따아아안 / ●●●●

| ♩ | 2분음표 |
| o | 온음표 |

| ♩ | 2분음표 |
| o | 온음표 |

| ♩ | 2분음표 |
| o | 온음표 |

| ♩ | 2분음표 |
| o | 온음표 |

| ♩ | 2분음표 |
| o | 온음표 |

| ♩ | 2분음표 |
| o | 온음표 |

| | ★ 스스로 써보세요. |
| | |

19

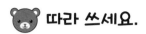

올라가는 계이름 **도** 레미파솔라시

도	도	도	도	도	도	도	도	도
도	도	도	도	도	도	도	도	도
★ 스스로 써보세요.								

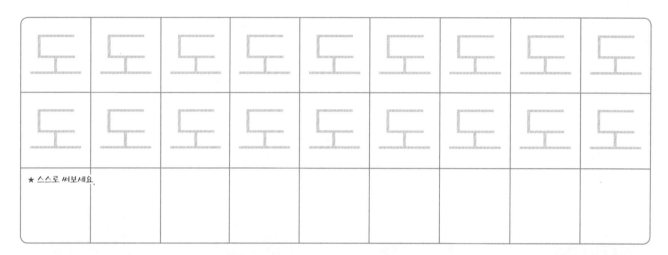

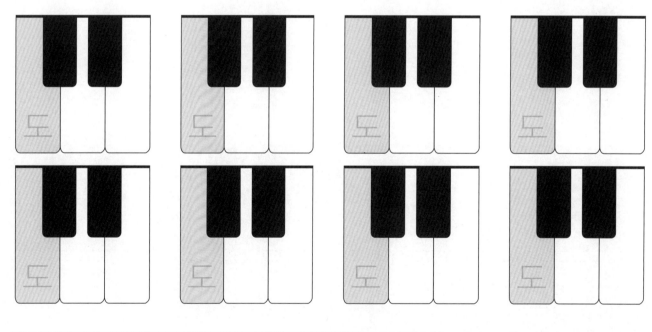

도	레	미	파	솔	라	시	로		이	루	어	진	
각		음	의		이	름	을		계	이	름	이	라
고		합	니	다	.								

o	온음표
	4박 / \/\/\/\ / 따아아안 / ●●●●

♩	4분음표
	1박 / \/ / 딴 / ●

o	온음표

♩	4분음표

o	온음표

♩	4분음표

o	온음표

♩	4분음표

o	온음표

♩	4분음표

o	온음표

♩	4분음표

o	온음표

♩	4분음표

	★ 스스로 써보세요.

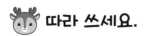 따라 쓰세요.

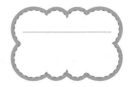

레 | 레 | 레 | 레 | 레 | 레 | 레 | 레 | 레
레 | 레 | 레 | 레 | 레 | 레 | 레 | 레 | 레

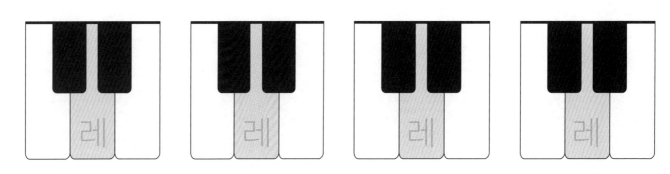

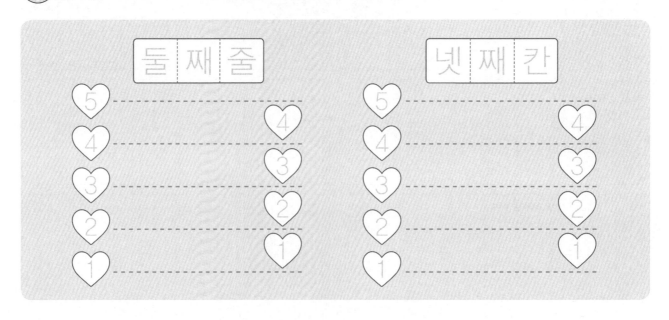

숫자를 따라 쓰고 지시한 줄이나 칸을 찾아 색칠하세요.

둘째줄   넷째칸

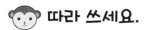 따라 쓰세요.

♩ 4분음표

1박 / ∨ / 딴 / ●

♩ 4분음표

♩ 4분음표

★ 스스로 써보세요.

♩ 2분음표

2박 / ∨∨ / 따안 / ●●

♩ 2분음표

♩ 2분음표

𝗈 온음표

4박 / ∨∨∨∨ / 따아아안 / ●●●●

𝗈 온음표

𝗈 온음표

♩

𝗈

♩

♩

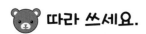 따라 쓰세요.

올라가는 계이름 도 레 **미** 파 솔 라 시

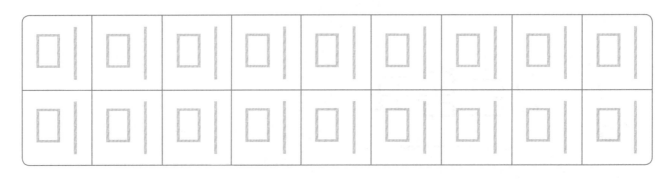

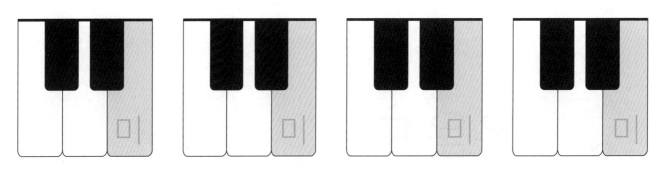

퍼즐은 어느 손 그림인가요?

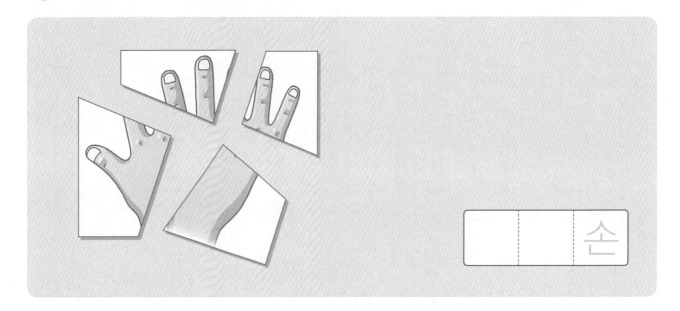

손

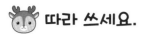 따라 쓰세요.

 도레미

 올라가는 계이름 **도레미**파솔라시

★ 스스로 써보세요.

도	도	도	도	도	도			
레	레	레	레	레	레			
미	미	미	미	미	미			

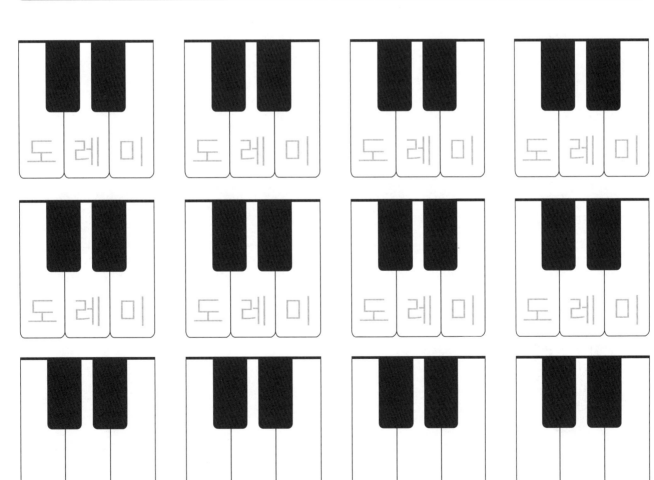

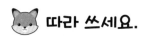 **따라 쓰세요.**

탬버린 가죽면의 중심부나 테를 치거나 흔들어 연주하는 리듬악기	탬버린
탬버린	탬버린
탬버린	탬버린
탬버린	탬버린
★ 스스로 써보세요.	

왼	손	으	로		탬	버	린	을	
비	스	듬	히		쥐	고		가	슴
	높	이	로		들	어		가	볍
게		치	거	나		흔	들	어	
연	주	합	니	다	.				

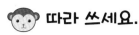 **따라 쓰세요.**

$\frac{4}{4}$	# 4분의 4박자 4분음표($\downarrow$)를 1박으로 하여 한 마디가 4박
$\frac{4}{4}$	4분의 4박자

$\frac{4}{4}$	4분의 4박자	$\frac{4}{4}$	4분의 4박자
$\frac{4}{4}$	4분의 4박자	$\frac{4}{4}$	4분의 4박자
$\frac{4}{4}$	4분의 4박자	$\frac{4}{4}$	4분의 4박자
	★ 스스로 써보세요.		

 **줄을 따라 그리고 각 줄과 칸의 이름을 따라 쓰세요.**

다섯째줄

넷째줄

넷째칸

셋째줄

셋째칸

둘째줄

둘째칸

첫째칸

아래에서 위로 쓰세요.

첫째줄

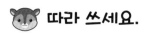

올라가는 계이름 도 레 미 **파** 솔 라 시

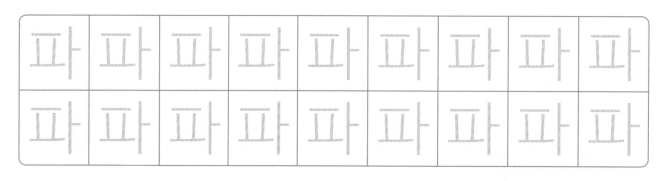

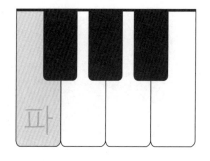
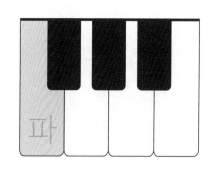
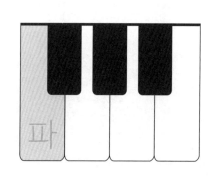

퍼즐은 어떤 박자표 그림인가요?

4 분 의 4 박 자

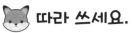

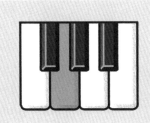 올라가는 계이름 도레미파**솔**라시

솔	솔	솔	솔	솔	솔	솔	솔	솔
솔	솔	솔	솔	솔	솔	솔	솔	

 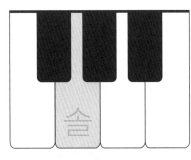 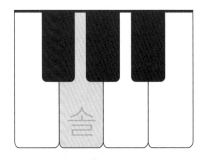

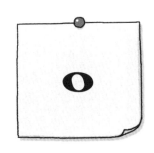

온	음	표	의		박	의		수	는
	4	박	(○	○	○	○)	이	고	,
따	아	아	안	으	로		읽	습	니
다	.								

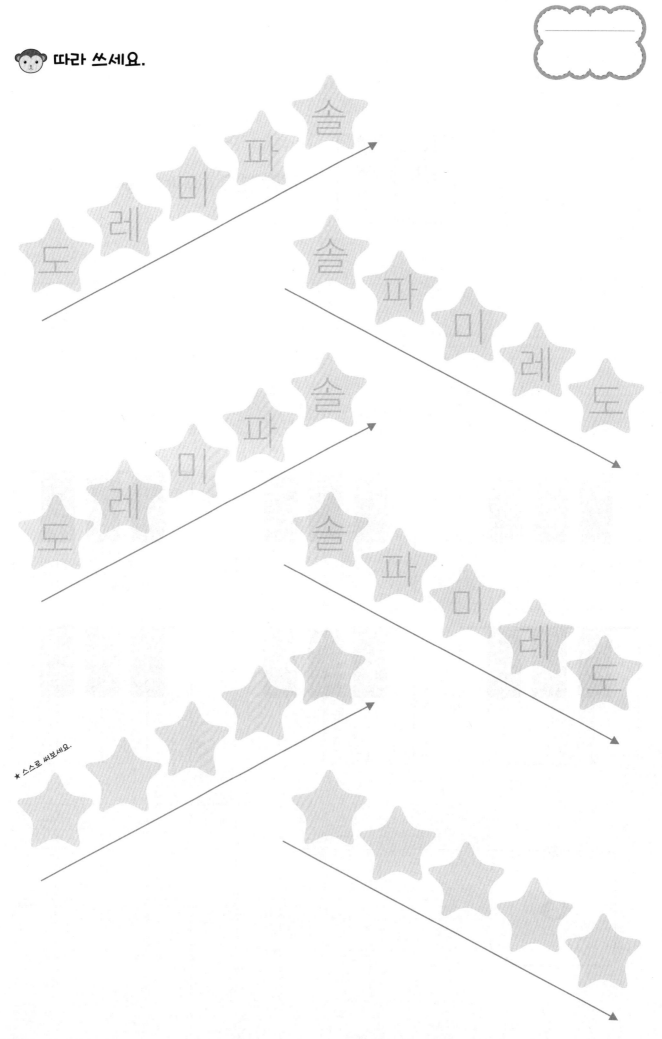

★ 스스로 써보세요.

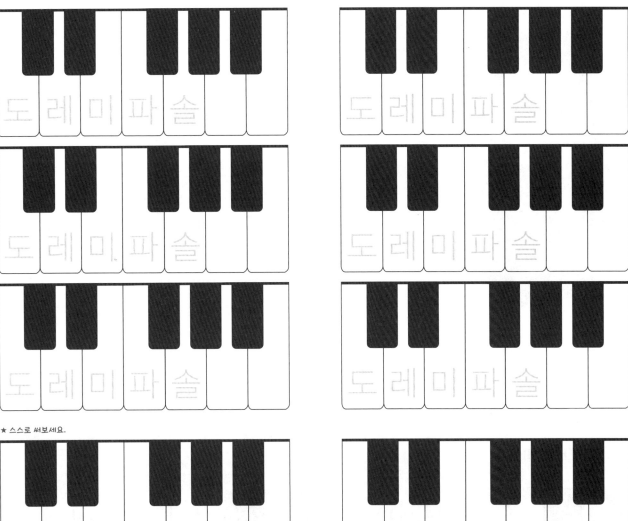

★ 스스로 써보세요.

숫자를 따라 쓰고 지시한 줄이나 칸을 찾아 색칠하세요.

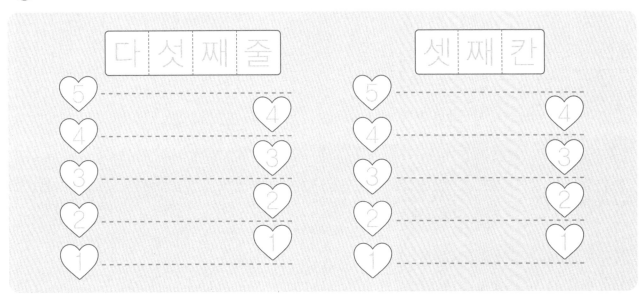

안녕. 나는 독일에서 태어나서 영국국민이 된 오르가니스트이자 작곡가 **헨델**이야. 나는 오페라 작곡을 잘했지만 오페라의 인기가 식어서 종교음악 **오라토리오**를 작곡해서 다시 큰 인기를 얻었어.

 따라 쓰세요.

 헨델	 Handel
Georg Friedrich Handel, 영국	Georg Friedrich Handel, 영국
헨델	Handel
헨델	Handel
★ 스스로 써보세요.	

32

나는 바로크 음악 작곡가로 바로크 시대에는 장식
이 많은 화려한 곡이 많이 작곡되었지. 내 곡 중에
서 가장 유명한 작품으로는 **수상음악**, **오라토리오
〈메시아〉**등이 있어.

※QR코드를 스캔해 음악을 감상하세요.

할렐루야

 따라 쓰세요.

 바로크	바로크
장식이 많은 16C 말 ~ 18C 중기의 음악	

★ 스스로 써보세요.

오라토리오 〈메시아〉

33

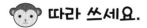 **따라 쓰세요.**

징

쇠로 만든 둥근 금속.
사물놀이와 풍물놀이에 쓰이는 국악타악기

징

징

징

징

징

징

징

징

★ 스스로 써보세요.

징은 장구, 꽹과리,

북과 함께 사물놀이

에 쓰입니다.

34

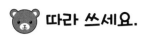 따라 쓰세요.

4분음표	2분음표	온음표
1박	2박	4박
딴	따안	따아아안
V	W	VVV
◯	◯◯	◯◯◯◯

4분음표	2분음표	온음표
1박	2박	4박
딴	따안	따아아안
V	W	VVV
◯	◯◯	◯◯◯◯

 **따라 쓰세요.**

 # 높은음자리보표
높은 음을 나타낼 때 사용하는 음자리표와 오선

 높은음자리보표

 높은음자리보표

 높은음자리보표

★ 스스로 써보세요.

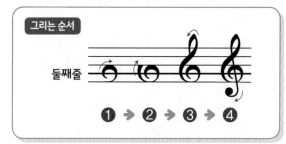

그리는 순서

둘째줄

❶ → ❷ → ❸ → ❹

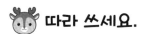 **따라 쓰세요.**

 # 높은음자리보표

높은 음을 나타낼 때 사용하는 음자리표와 오선

 높은음자리보표

 높은음자리보표

 높은음자리보표

★ 스스로 써보세요.

★ 스스로 써보세요.

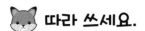 **따라 쓰세요.**

낮은음자리보표

낮은 음을 나타낼 때 사용하는 음자리표와 오선

낮은음자리보표

낮은음자리보표

낮은음자리보표

★ 스스로 써보세요.

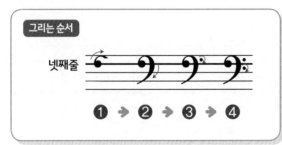
그리는 순서

넷째줄

❶ ➡ ❷ ➡ ❸ ➡ ❹

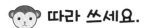
낮은음자리보표

낮은 음을 나타낼 때 사용하는 음자리표와 오선

낮은음자리보표

낮은음자리보표

낮은음자리보표

★ 스스로 써보세요.

★ 스스로 써보세요.

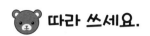
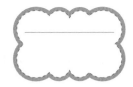

세로줄 — 마디와 마디를 나누는 줄

마디 — 세로줄과 세로줄 사이

세로줄

마디

세로줄

마디

★ 스스로 써보세요.

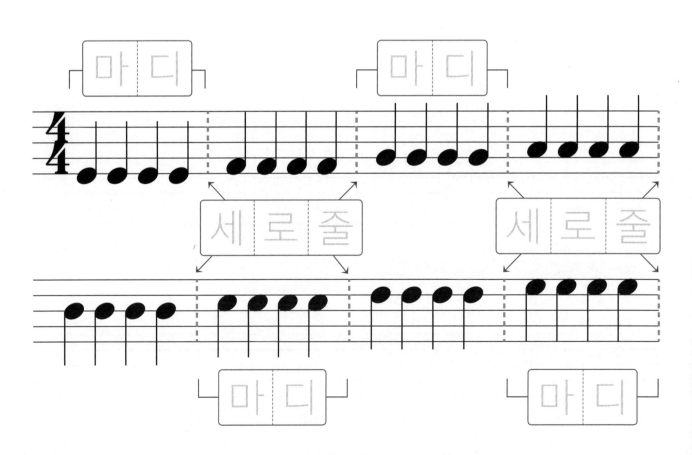

마디 · 마디

세로줄 · 세로줄

마디 · 마디

4분음표 1박(∨) ●

4분음표 1박(∨) ○

4분음표 1박(∨) ○

4분음표 1박(∨) ○

4분음표 1박(∨) ○

★ 스스로 써보세요.

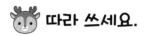 따라 쓰세요.

 바이올린

활로 4개의 현을 키며 현악기 중 가장 작고
높은 소리가 나는 악기

 바이올린

 바이올린

 바이올린

 바이올린

 바이올린

 ★ 스스로 써보세요.

바이올린은 모두 몇 대가 있나요?

바	이	올	린	은		모	두
	대	가		있	습	니	다.

★ 답을 써보세요.

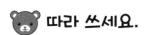 따라 쓰세요.

2분음표 2박(♩♩) ●●

2분음표 2박(♩♩) ○○

2분음표 2박(♩♩) ○○

2분음표 2박(♩♩) ○○

2분음표 2박(♩♩) ○○

★ 스스로 써보세요.

따라 쓰고, 빈 칸을 채우세요.

높은음자리보표

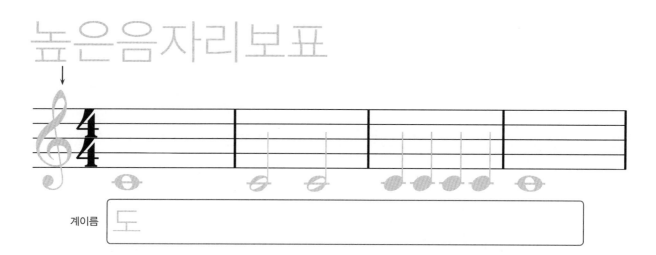

계이름 도

4분음표

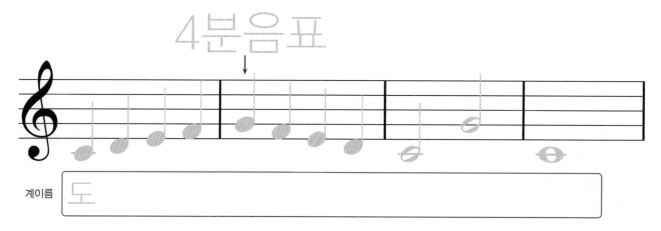

계이름 도

2분음표

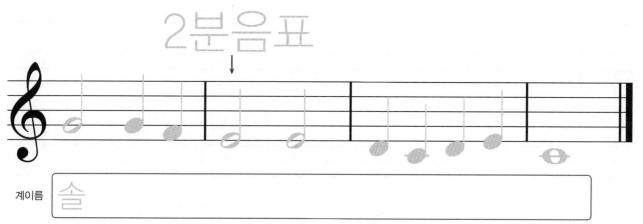

계이름 솔

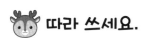 **따라 쓰세요.**

o	온음표 4박(∨∨∨) ●●●●
o	온음표 4박(∨∨∨) ○○○○
o	온음표 4박(∨∨∨) ○○○○
o	온음표 4박(∨∨∨) ○○○○
o	온음표 4박(∨∨∨) ○○○○
	★ 스스로 써보세요.

따라 쓰고, 빈 칸을 채우세요.

높은음자리보표

계이름 미

2분음표 4분음표

계이름 미

온음표

4분의 4박자

계이름 도

끝세로줄

계이름 솔

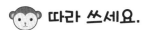 **따라 쓰세요.**

▌	# 끝세로줄 곡을 끝낼 때 사용하는 줄	**▌**	끝세로줄
▌	끝세로줄	**▌**	끝세로줄
▌	끝세로줄	**▌**	끝세로줄
▌	끝세로줄	**▌**	끝세로줄
	★ 스스로 써보세요.		

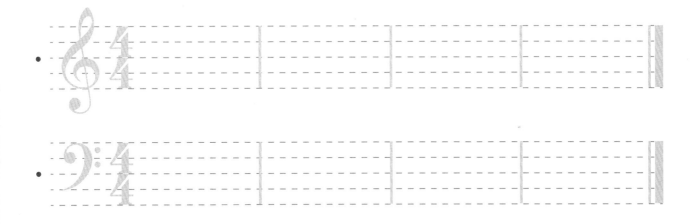 **악보를 구성하는 것들을 순서대로 따라 그리세요.**

① 오선 ② 음자리표 ③ 박자표 ④ 세로줄 ⑤ 끝세로줄

안녕. 나는 **독일**에서 태어나서 한 번도 독일을 떠난 적이 없고, 교회에서 주로 활동한 작곡가 **바흐**야. 나는 독실한 기독교인으로 30여년 동안 성토마스교회에서 교회음악가로 오르간 연주, 지휘, 작곡 등을 했어.

 따라 쓰세요.

바흐	Bach
Johann Sebastian Bach, 독일	Johann Sebastian Bach, 독일

 바흐

 Bach

바흐

Bach

★ 스스로 써보세요.

나는 바로크 음악 작곡가로 바로크 시대에는 장식이 많은 화려한 곡이 많이 작곡되었지. 난 **건반 악기 곡**을 특히 많이 작곡했는데 그 중에서 유명한 작품으로는 〈안나 막달레나를 위한 노트〉 중 『미뉴에트』가 있어.

※QR코드를 스캔해 음악을 감상하세요.

미뉴에트

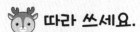 **따라 쓰세요.**

 **바로크**

장식이 많은 16C 말 ~ 18C 중기의 음악

바로크

★ 스스로 써보세요.

미뉴에트

미뉴에트

 다시보기 ★

음악이론(Music Theory)

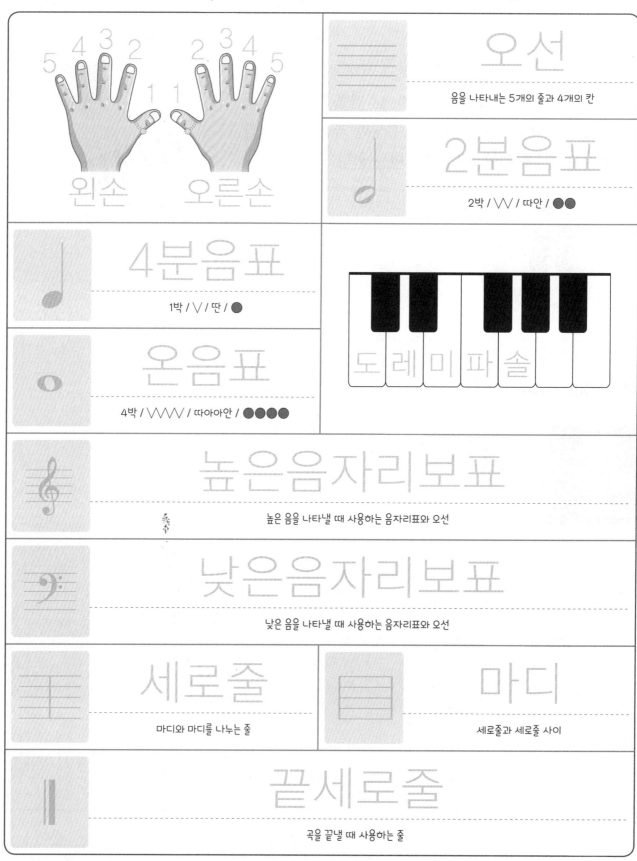

왼손 오른손

오선
음을 나타내는 5개의 줄과 4개의 칸

2분음표
2박 / ∨∨ / 따안 / ●●

4분음표
1박 / ∨ / 딴 / ●

온음표
4박 / ∨∨∨∨ / 따아아안 / ●●●●

도레미파솔

높은음자리보표
높은 음을 나타낼 때 사용하는 음자리표와 오선

낮은음자리보표
낮은 음을 나타낼 때 사용하는 음자리표와 오선

세로줄
마디와 마디를 나누는 줄

마디
세로줄과 세로줄 사이

끝세로줄
곡을 끝낼 때 사용하는 줄

작곡가(Great Composers)

비발디

바흐

헨델

악기(Musical Instruments)

피아노

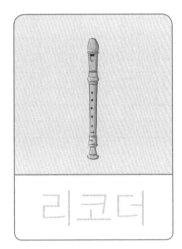
리코더

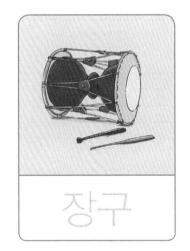
장구

탬버린

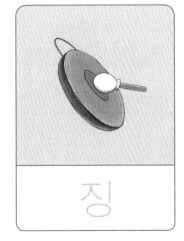
징

바이올린